Moscow
as an
Upturned
Umbrella

Moscow as an Upturned Umbrella

Andrei Sen-Senkov

STACK BOOKS

Smokestack Books
1 Lake Terrace, Grewelthorpe, Ripon HG4 3BU
e-mail: info@smokestack-books.co.uk
www.smokestack-books.co.uk

Text copyright
Andrei Sen-Senkov,
2020

ISBN 9781916312104

Smokestack Books
is represented
by Inpress Ltd

Содержание

Проливная засуха	10
Бытие. Около восьмой главы	12
Промокшие кардиостимуляторы	14
Воздушно-капельный теннис	16
Пляж на орбите	18
Мишель Фуко, первый триместр	20
Коллатераль	22
Μετάστασις	24
Пересечение границы длиной с болезнь Альцгеймера	26
Графология: Алькор и Мицар	28
Тихий океан — одна большая слеза	30
Государственная диетология	32
Завтрак перед купанием красного коня	34
Музыка маленького роста	36
Не пишите письма. Их потом читают	38
Улица слепого осла, Брюгге	40
Азия. Семидесятые. Жара	42
Eine Kleine Nachtmusik	44
Поминки самой себя в треснувшем зеркале	46
Театр жестокости это театр нежности	48
Западное лицо утреннего Берлина	50
Джудит Скотт трогала своими руками свои гены	52
Маршруты португальских трамваев	58
Светотени. Где жил	62
Ручки радиолы как руки Венеры Милосской	64
Затопленная костница	66
Рождественское стихотворение с обеих сторон	68
Мятые простыни стоматологии	70
Смерть во время насморка не различает запахов	72
Общая и специальная теория смерти	74
Бумажная грудь	76
Экологические подростки	78

Contents

Pouring Drought	11
Genesis. Around the Eighth Chapter	13
Soaked Pacemakers	15
Airborne Tennis	17
Beach in Orbit	19
Michel Foucault, First Trimester	21
Collateral	23
Μετάστασις	25
A Border Crossing as Long as Alzheimers	27
Graphology: Alcor and Mizar	29
Pacific Ocean is One Big Tear	31
State Dietology	33
Breakfast Before Bathing the Red Horse	35
Short Music	37
Don't Write Letters. They Are Read Afterwards	39
Blind Donkey Street, Bruges	41
Asia. The Seventies. Heat	43
Eine Kleine Nachtmusik	45
A Wake for Oneself in a Cracked Mirror	47
The Theater of Cruelty is the Theatre of Tenderness	49
The Western Face of Morning Berlin	51
Judith Scott Touched Her Genes with Her Own Hands	53
Portuguese Tram Routes	59
Chiaroscuros. Where I Lived	63
Radiogram Handles Like the Arms of Venus de Milo	65
The Drowned Ossuary	67
Christmas Poem from Both Sides	69
The Rumpled Sheets of Dentistry	71
Death When Congested Loses its Sense of Smell	73
General and Specialised Theory of Death	75
A Paper Breast	77
Environmental Teenagers	79

Лужа на пешеходной зебре	80
Москва как перевернутый зонтик	82
Маленькая драматургия маленьких	84
Деревянные лемминги	86
Отражения, поверхности и увеличительные стекла	88
Скульптурный ресторан Генри Мура	90
Обзорный снимок челюсти Фрэнка Синатры, воображаемого друга	92
For your eyes only	94
Без названия и без подписи	96
Африка как трехразовое питание	98
Северные особенности текста	100
Розовое бессмертие	102
Вивальди на мертвом ипподроме	104
Спичка с фабрики девушек Плохая копия фильма Каурисмяки	106
Будущие свадьбы, вы - такие	108
Нелегальная смерть в театре лилипутов	110
Материнство не видя снов	112
Loser	114
Спасибо на нескольких языках	116

A Puddle on a Zebra Crossing	81
Moscow as an Upturned Umbrella	83
A Little Drama of the Little Ones	85
Wooden Lemmings	87
Reflections, Surfaces and Magnifying Glasses	89
The Sculptured Restaurant of Henry Moore	91
Mugshot of Frank Sinatra, my Imaginary Friend	93
For Your Eyes Only	95
Without Name, Without Signature	97
Africa as a Meal Plan	99
Northern Features of the Text	101
Pink Immortality	103
Vivaldi at the Dead Racecourse	105
A Match from the Girl Factory	107
Future Weddings, this is You	109
An Illegal Death in the Lilliputian Theatre	111
Motherhood *Sans* Dreams	113
Loser	115
Thank You in Several Languages	117
Acknowledgments	118

Проливная засуха

женщины живущие в городе
построенном у реки
выбрасывают мелкие подарки бывших любовников
в воду

женщины живущие в городе
где нет реки
мелкие подарки бывших любовников
бросают себе под ноги

когда идет дождь
бог пьет их через соломинку

Pouring Drought

the women who live in the city
built by the river
throw the little gifts of former lovers
into the water

the women who live in the city
where there is no river
take the little gifts of former lovers
and throw them on the ground

when it rains
god drinks them through a straw

Бытие. Около восьмой главы

ной размещает на ковчеге стегозавров тираннозавров
плезиозавров бронтозавров археоптериксов игуанодонов
диплодоков трицератопсов
они маленькие улыбчивые
все поместятся
все вместе мирно поплывут

плыть долго

белоснежный птеродактиль
вылетит из ковчега
и вернется держа во рту зеленую веточку
значит голливудский берег близко
значит все зачем-то спасены

бог еле-еле зацепившийся за ветку
пищит как игрушка в зубах щенка

Genesis. Around the Eighth Chapter

on the ark noah lodges stegosaurs tyrannosaurs plesiosaurs
brontosaurs archaeopteryxes iguanodons diplodocuses tricer-
atops
they are small and smiley-faced
they will all fit
everyone will sail off peacefully

it's a long journey

a snow-white pterodactyl
flies out of the ark
and returns bearing a green branch in its mouth
so the banks of hollywood must be nearby
so everyones been saved for some reason

god hanging on to the branch for dear life
squeaks like a toy in the jaws of a puppy

Промокшие кардиостимуляторы

вместо крестиков на шеях
висят
крошечные газовые камеры из серебра
блестящие золотые гильотинки
кусочки гулаговской колючей проволоки в янтаре
изящно обработанные ювелирами осколки бомб
маленькие виселицы с шелковыми петлями
платиновые дыбы
испанские сапожки с вкраплениями бриллиантов

все эти предметы похожи на падающие цифры
холодного номера дождя
бьющего по щекам сердце
в режиме автодозвона

Soaked Pacemakers

instead of crosses round their necks
hang
tiny gas chambers of silver
gleaming golden guillotines
bits of gulag barbed wire in amber
shards of shrapnel expertly shaped by jewelers
small gallows with silken nooses
platinum racks
spanish boots incrusted with diamonds

all of these objects resemble the falling digits
of the cold number rain
slapping the hearts cheeks
on auto-redial

Воздушно-капельный теннис

когда закончатся женские имена
ураганы начнут называть
фамилиями русских теннисисток
сафина кузнецова дементьева
петрова шарапова звонарёва
клейбанова кириленко веснина
павлюченкова

к тому времени большинство спортсменок умрет
а те кто еще живы
слыша свои смертоносные фамилии
будут вдавливать изуродованные артритом пальцы
в нутро воображаемых теннисных мячиков

у них там как у не рожавших

Airborne Tennis

when they run out of womens names
theyll start naming the hurricanes
after russian tennis stars
safina kuznetsova dementieva
petrova sharapova zvonareva
kleybanova kirilenko vesnina
pavlyuchenkova

by then most of them will have died
and the ones who are still alive
hearing their lethal last names
will press their arthritis-disfigured fingers
into the insides of imaginary tennis balls

down there they're like women who never gave birth

Пляж на орбите

до белок-стрелок сначала отправляли кошек
кошки улетали но никогда не возвращались
просто не хотели
просто не понимали зачем
выходили в открытый космос
и нанизывали на когти
сверкающие как мыши в темноте звезды

выходили осторожно красиво
как ты
трогающая ногой воду
перед тем как войти в голое море

Beach in Orbit

for a while they sent cats out to belka, strelka and the other space dogs
the cats would fly off but never came back
they just didn't want to
they just didn't understand why
they were heading out to outer space in the first place
and they would hang stars on their claws stars
glittering like mice in the darkness

they'd head out cautious and lovely
like you
touching the water with one foot
before entering the naked sea

Мишель Фуко, первый триместр

эмбрион растет
послушно повторяя все этапы эволюции

вот у него уже есть ухо в которое влетает слово
и ухо из которого оно вылетает

влетев вылетев взлетев полетав
слово ложится на верхнюю губу
как лист подорожника на рану

Michel Foucault, First Trimester

the embryo is growing
obediently repeating all the stages of evolution

now it already has one ear for the word to go in
and another ear for it to fly out

having gone in and out and taken off and flown around some
the word settles down on the upper lip
like a plaintain leaf on a wound

Коллатераль

каждую ночь снится
что я строю большой серый дом
из одной только пылинки
пылинка особенная
у нее два пальца
и место
за которое утром она щиплет себя
чтобы я не проснулся

Collateral

every night I dream
that I'm building a big grey house
out of a single dust mote
it's a special mote
it has two fingers
and a place
where it pinches itself in the morning
so that I don't wake up

Μετάστασις

в детском саду египетской пустыни
кормили тем же чем кормят детей во все времена
манной кашей
манной небесной
невкусными белыми продовольственными бандерольками
упавшими сверху

с комочками

бог метит нас с самого детства белым цветом
как будто обливает бензином то место
которое хочет поджечь

Μετάστασις

in a kindergarten in the egyptian desert
they fed the kids what they always fed kids for all time
manna mush
manna from heaven
unpalatable white rations of printed matter
fallen from above

with lumps

god marks us from earliest childhood with white
as if pouring gasoline on the spot
he wants to burn

Пересечение границы длиной с болезнь Альцгеймера

сначала забываются местоимения
потом существительные
потом глаголы
от я тебя люблю
останется люблю
потом и оно исчезнет
нет
напоследок слово начнет вдруг искать
ближайшие отверстия
и вползёт в беспамятство
как пограничник в белом маскхалате
вползает в не принадлежащий ему снег

всё успокоится
когда в моём замерзающем солдатике
захрустит последняя
теплая буква

но она успеет тебя вспомнить

A Border Crossing as Long as Alzheimers

first you forget the names of places
then nouns
then verbs
out of I love you
love is left
then it disappears too
no
in the end the word will suddenly start looking for
the nearest orifices
and will crawl into oblivion
like a border-guard in a white parka
crawling into the snow that doesn't belong to him

everything will go calm
when inside my slowly freezing little soldier
the last
warm letter snaps

but it'll have time to remember you

Графология: Алькор и Мицар

древнеримский солдат
проходя проверку зрения
должен увидеть
что одна из звезд на ручке ковша большой медведицы
двойная
тогда возьмут смотреть убивать
вглядываться грабить
рассматривать насиловать

звездный свет дважды бьет ему в глаза
словно повторяется
словно учится подделывать подпись кого-то ослепительно

неграмотного

Graphology: Alcor and Mizar

an ancient roman soldier
getting his vision tested
had to be able to see
that one of the stars on the handle of the big dipper
was doubled
then he would be taken to look to kill
to peer at to plunder
to examine to rape

starlight struck him twice in the eye
like it was repeating
like it was learning to forge the signature of someone

blindingly illiterate

Тихий океан — одна большая слеза

матрос машет сигнальными флажками
окружая себя разноцветными буквами слова любовь

он не знает что вич-инфицирован

падая на палубу
буквы строятся в шеренгу

матрос накидывает на них верёвочки и ведет в трюм
чтобы показать фотографиям своих любовников

они идут не глядя друг на друга
так идут во время засухи животные на водопой

тихий океан катится по собственной щеке

The Pacific Ocean is One Big Tear

the sailor waves the signal flags
surrounding himself with the multicoloured letters of the word
love

he doesn't know he's HIV-positive

falling onto the deck
the letters make a line

the sailor throws ropes around them and leads them to the hold
to show them to the photographs of his lovers

they walk without looking at one another
like how animals in times of drought walk to be watered

the pacific ocean rolls down its own cheek

Государственная диетология

у восточногерманского штази
был такой способ сводить с ума
когда люди уходили из дома
агенты проникали внутрь
ничего не ломали
ничего не портили
просто переставляли с места на место
маленькие очень личные вещи
статуэтки фотографии книги
это продолжалось месяцами

иногда когда серые животные дерутся за еду
они заглатывают так быстро как только возможно
а потом срыгивают
чтобы позже спокойно съесть
чьи-то маленькие очень личные вещи
статуэтки
фотографии
книги

State Dietology

the east german stasi
had a method for driving people insane
when a person would leave the house
agents would sneak inside
they wouldn't break anything
they wouldn't trash anything
they would just move around
little very personal things
knick-knacks photographs books
this would go on for months

sometimes when grey animals fight over food
they swallow so quickly as soon as they get the chance
and then vomit it up
in order to eat later in peace
somebody's little very personal things
knick-knacks
photographs
books

Завтрак перед купанием красного коня

у петра I в детстве была игрушка –
лошадка, вырезанная из липы
и покрытая настоящей жеребячьей
кожей.

русский царь умер только для того,
чтобы встретить
это маленькое красное животное,
с которого содрали кожу.

а оно радостно выскочило из облака,
как утренний кровавый хлебушек
из бьющего током тостера.

Breakfast Before Bathing the Red Horse

as a child peter the great had a toy –
a horse carved out of linden
and covered with a real stallions
skin.

the russian emperor only died
so that he could see once more
that little red animal
who'd been skinned.

and it joyfully leaped out of its cloud,
like bloody morning bread
out of the shocked beating toaster.

Музыка маленького роста

отец узнаёт что его полугодовалый ребенок
плохо слышит.

он начинает упорно заниматься сыном.
все эти бесконечные упражнения по развитию слуха.

результатов почти нет.

в один из вечеров отец останавливается
вздыхает
берет ребенка на руки
и ставит на проигрыватель старую
пластинку джона колтрейна.
делает максимально громко.
это альбом *Giant Steps*.

сын замирает.
он впервые в жизни слышит как
топают босиком лилипуты.

Short Music

the father finds out that his six-month-old child
is hard of hearing.

he starts working tenaciously on his son.
all of those endless exercises to develop the hearing.

he gets almost no results.

one of those evenings the father stops
sighs
picks up his child
and places on the turntable an old
john coltrane record.
turns the volume up to the max.
it's the *giant steps* album.

the son freezes.
for the first time in his life he hears
Lilliputians stomping their bare feet.

Не пишите письма. Их потом читают

в одном из писем
чехов долго рассказывает
как накануне он освобождал мышей
попавших в мышеловку

отпуская их
он записывал на видеокамеру карандаша
литературную формулу-1
серых маленьких машинок
с живыми дверцами
открывающимися в кровь

а все его знаменитые *чеховские* рассказы
написаны так же случайно
как случайно
записывают куски телепередач на кассету с любимым фильмом

Don't Write Letters. They Are Read Afterwards

in one of his letters
chekhov goes on and on
about how the previous day he'd been freeing mice
stuck in the mousetrap

letting them go
he recorded on the video camera of his pencil
a literary formula one
little grey cars
with living doors
that open into blood

and all of his famous *chekhovian* stories
were recorded just as randomly
as when people
record bits of TV shows over the video of their favourite movie

Улица слепого осла, Брюгге

ему
чтобы не упрямился
и прошел через тесную дышащую стенами улицу
завязывают глаза

когда всё медленно закончится
и на площади он встретит тысячи взглядов
каждый его глаз
будет похож на ребенка
которого впервые посадили
за обеденный стол с карими млекопитающими взрослыми

Blind Donkey Street, Bruges

they
so that he won't be stubborn
and will walk through the cramped street its walls breathing
bind his eyes

when everything slowly ends
and there in the square he greets thousands of gazes
each of his eyes
will look like a child
who has been sat for the first time
at the dinner table with the dark-chestnut mammal adults

Азия. Семидесятые. Жара

там внутри по кругу летают
желтые самолетики
спят еле различимые люди
когда проснутся
их не заставят разуваться и снимать ремни
мамы разрешают незнакомцам
угощать детей куриными конфетами
а у стюардесс в глазах
синие улыбки

ночью в холодильнике
яйца
белые уютно безопасные
как аэропорты в моем детстве

на сковородке

Asia. The Seventies. Heat

there inside they're flying in circles
little yellow airplanes
barely indistinguishable people sleeping
when they wake up
they are not forced to take their shoes and belts off
mothers allow unknown people
to give their children chicken candies
and the stewardesses eyes have
sky-blue smiles

at night in the fridge
the eggs
white cosily secure
like the airports of my childhood

on the frying pan

Eine Kleine Nachtmusik

внутри тишины
завязанное в узелок
сладкое сухожилие крика

узелок
маленький

как город
в котором на свадьбах и похоронах
играет
один и тот же оркестр

Eine Kleine Nachtmusik

inside silence
tied in a knot
the sweet sinew of a cry

the knot
is small

like a city
where weddings and funerals
are played
by one and the same orchestra

Поминки самой себя в треснувшем зеркале

трещинка застегивает черное платье сзади

крошечные пуговки на ощупь странной формы
похожи на перевернутые
вопросительные знаки в начале испанских предложений

девять дней сорок дней

жизнь ей еще к лицу

A Wake for Oneself in a Cracked Mirror

the crack buttons up its black dress in the back

tiny buttons with a strange shape to the touch
resembling the upside-down
question marks at the beginning of spanish sentences

nine days forty days

life still becomes her

Театр жестокости это театр нежности

ямочки на щеках
следы от ручки дверцы
через которую
  если спектакль поцелуя не нравится
уходят
в антракте

за оральными кулисами
болит каждый
у кого свежая трещинка
на переполненном зрителе

The Theater of Cruelty is the Theatre of Tenderness

dimples on cheeks
traces left by the handle of the little door
through which
  if the performance of the kiss isn't well-received
one can leave
during intermission

behind the oral curtains
they hurt
everyone who has a fresh fissure
on their overflowing spectator

Западное лицо утреннего Берлина

ходишь словно по большой бетонной улыбке

так может улыбаться только город
с закрытыми глазами

берлин любит внутри себя новых людей
с той же силой
с какой не любят появление в их жизни новых вещей
слепые

The Western Face of Morning Berlin

It's like you're walking along a giant concrete smile

only a city can smile like that
with eyes closed

berlin loves the new people inside of itself
with the same strength
that the blind do not love the appearance in their lives
of new things

Джудит Скотт трогала своими руками свои гены

на ее ретроспективе в токио
работы висели на прозрачных нитях
в прозрачных стеклянных комнатах
сорок седьмыми нарядно одетыми хромосомами
в бесстыдно-голом кариотипе
не туда растущего человечка

такая игра – когда останавливается музыка
нужно успеть сесть на стул
стульев на один меньше
чем число играющих
две хромосомы на одном маленьком стуле
сидят в белых платьицах
болтают ножками
размешивая в воздухе
горький сахарный песок
чуть-чуть касаясь
горячего дна неудобной чашки
женского пола

она родилась
вместе с джойс
своим близнецом
зацепившись эпикантусом голубых глаз
за карие пятки сестры

делать свои объекты начала
когда ей было уже за сорок
на одну работу могло уйти несколько недель или месяцев
в какой-то момент резко останавливалась

Judith Scott Touched Her Genes with Her Own Hands

at her retrospective in tokyo
the pieces were hanging on transparent threads
in transparent glass rooms
like forty-seven dressed-up chromosomes
in the shamelessly naked karyotype
of a person growing in the wrong direction

there's this game – when the music stops
you have to sit down fast on a chair
there's one too few chairs
for the number of players
two chromosomes on one little chair
sitting in little white dresses
swinging their legs
stirring in the air
bitter granulated sugar
just barely touching
the scalding bottom of the inconvenient glass
of the female gender

she was born
together with joyce
her twin
the epicanthal folds of her blue eyes hanging on
to the brown-eyed soles of her sister

she began making her objects
when she was already past forty
one piece might take several weeks or months
at some point she would suddenly stop

теряя к ней интерес
вставала и уходила
так пассажир
вынужденно поднимает генетический столик перед собой
когда лишнее крыло самолета идет на посадку

глухонемая как ужас медвежонка
когда тот узнаёт кто спал в его кроватке

когда пришла известность
стала носить причудливые тюрбаны
вплетая в них перья и бижутерию
испанцы сняли о ней документальный фильм
«что под твоей шляпой»?

штайнер писал:
в людях с синдромом дауна
завершено построение морального тела

ее работы
(полторы сотни)
просвечивали
рентгеновскими лучами
обнаруживая странные вещи
однажды нашли обручальное кольцо
это напоминает историю с «менинами»
когда также применив рентген
выяснили что на ранних этапах
у фрейлины был длинный нос
постепенно уменьшавшийся в ходе работы над картиной

есть фотография
где она работает
над последней в своей жизни скульптурой
всем нам смотреть на ее лицо

losing interest
get up and walk away
like a passenger
compelled to lift the genetic seat-back tray
when the planes extra wing is heading in to land

deaf-and-dumb like the horror of the little bear
when it finds out who was sleeping in its bed

when fame came
she began wearing fantastical turbans
weaving feathers and jewels into them
spaniards made a documentary about her
whats under your hat?

steiner wrote:
people with down's syndrome
have a fully developed moral body

her pieces
(a hundred and fifty or so)
were illuminated
by x-ray
revealing strange things
once they found an engagement ring
this is like the story with las meninas
when also through x-rays
it transpired that in the early stages
the lady-in-waiting had a long nose
that gradually shrank over the course of work on the painting

there is a photograph
where she's working
on the last sculpture of her life
for all of us looking at her face

всё равно что читать только заголовок
и никогда то что написано ниже мелким шрифтом

международный день человека с синдромом дауна
отмечают двадцать первого марта
как и международный день поэзии
в этом неправильно устроенном мире
где детектор дыма срабатывает
даже от крыльев ангелов

is the same as only reading headlines
and never the small print beneath

the international day of people with down syndrome
is celebrated on march twenty-first
just like the international day of poetry
in this improperly organized world
where smoke detectors get activated
even by angel's wings

Маршруты португальских трамваев

в эворе детей приносят тоже аисты

пока птица летит пустой
она украдкой трогает лапами кусочки неба

восстанавливает лицо предстоящего ребенка
по фрагментам черепа

...

только в раю
на севере
в порту
если капля портвейна пролилась
она какое-то время обиженно тихо гудит в воздухе
потом падает
потом ее поверхность темнеет
как надкушенное яблоко

...

в лиссабоне уже двести лет
работает *hospital de bonecas*
больница для игрушек
там лечат тех
кто сломался кто не может дальше пищать
у кого потерялось колесо или порвалось сердце

нас

тех кто хотя бы раз
лизнул на морозе языком железную решетку

Portuguese Tram Routes

in evora children are also brought by storks

while the bird is still flying empty
stealthily its talons touch pieces of the sky

it reconstructs the face of the baby-to-be
according to skull fragments

...

only in heaven
in the north
in porto
if a drop of port spills
for a little while, hurt, it drones quietly in the air
then falls
then its surface darkens
like an apple bitten

...

for two hundred years now in lisbon
the *hospital de bonecas* has been operating
a hospital for toys
there they look after
the broken ones, the ones who can no longer squeal
the ones with missing wheels or torn-out hearts

us

the ones who at least one time
licked metal fences in freezing weather

...

на улице математики в коимбре
нумерация домов умышленно нарушена

бог приходя сюда
чтобы привычно кого-нибудь убить
путается
поворачивает голову влево-вправо влево-вправо
как зритель на теннисном матче добра и зла
где счет вот-вот изменится и станет ноль-ноль

...

on mathematics street in coimbre
the houses are deliberately numbered out of order

god coming here
to as usual kill someone
gets confused
swings his head left-to-right left-to-right
like a spectator at a tennis match between good and evil
where the score is right about to change to zero-zero

Светотени. Где жил

светотень –
крошечное надругательство
над девушкой бутылки
с
белой этикеткой

светотень –
стеклянный боди-арт
изнутри
включённой лампочки

светотени –
музыкальные колечки
нанизанные на восходящую по прямой
серединку
балета

Chiaroscuros. Where I Lived

chiaroscuro –
the minuscule outrage
to a girl by a bottle
with
a white label

chiaroscuro –
the glass body-art
inside
an active lightbulb

chiaroscuro –
musical rings
stacked onto the ascending
core
of the ballet

Ручки радиолы как руки Венеры Милосской

однажды меня чуть не убила музыка.
мне было года четыре.
я залез на стул и стал крутить ручки настройки огромной радиолы.
в какой-то момент нога соскользнула
и я полетел вниз, потащив за собой радиолу.
мы упали вместе.
я был погребен под остановившейся музыкой.
я так испугался, что прекрасная музыка внезапно исчезла,
испугался так, что даже не заплакал.
я лежал не шевелясь.
в комнату вбежала бабушка и закричала,
решив, что я мертв.

с тех пор, слушая музыку, я боюсь мгновения,
когда она закончится.

и, мертвая уже двадцать лет, бабушка закричит.

Radiogram Handles Like the Arms of Venus de Milo

music almost killed me once.
I was about four.
I climbed up on a chair and started turning the tuning knobs of
an enormous radiogram.at some point my foot slipped
and I went flying, dragging the radiogram along with me.
we fell together.
I was buried beneath the silenced music.
I was so frightened by the sudden disappearance of the exquisite music,
so frightened that I didn't even start crying.
I lay there without moving a muscle.
my grandmother came running into the room and screamed,
sure that I was dead.

ever since then, when listening to music, I fear the moment
when it will stop.

and, dead twenty years already, my grandmother will scream.

Затопленная костница

в одних рыбах костей много
в других меньше

первые отращивают их специально
чтобы реже жить съеденными
вторые научились вытаскивать из себя кости
и оставлять их на дне
чтобы стать съеденными чаще

эти рыбы всегда мокрые
в противоположные стороны

The Drowned Ossuary

Some fish have many bones
some have fewer

the first grow them out on purpose
to live less often eaten
the second learn how to pick bones out of themselves
and leave them on the seabed
to become more often eaten

these fish are always wet
on the opposite sides

Рождественское стихотворение с обеих сторон

в желудке пойманной рыбы
женщина
беременная от какого-то рыбака
находит золотое кольцо
с наружной стороны выгравировано
не упирайся мне в живот коленкой
с внутренней читается плохо
стерто
но можно разобрать те же слова
живот
коленка

каждое воскресное утро
женщина видит владельца кольца
он несет его над головой
как одежду
переходя вброд неглубокую речку

Christmas Poem from Both Sides

in the fish's stomach
a woman
pregnant with some fisherman's child
finds a golden ring
its outer side is engraved
stop kneeing me in the stomach
the inner side is hard to read
rubbed off
but you can make out the same two words
stomach
knee

every sunday morning
the woman sees the owner of the ring
he carries it above his head
like clothing
when crossing a shallow stream

Мятые простыни стоматологии

у акулы такие безумные глаза
от того что в ужасе
кто она

ей не рассказали об этом съеденные человеки

она всё постепенно-медленно-долго понимала сама

потом так же долго придумывала себе зубами
бога
спившегося дантиста
сделавшего всего один пробный тюбик
куда получается засовывать зубную пасту назад

и мы для неё пахнем мятой

The Rumpled Sheets of Dentistry

the shark's eyes are deranged
because she is so horrified
at who she is

the people she ate didn't tell her about it

she slowly, gradually, over time began to realise it herself

afterwards equally slowly she came to imagine herself as the teeth
of god
a dissolute dentist
who only ever made one sample tube
that toothpaste can be squeezed back into

and to her we smell like mint

Смерть во время насморка не различает запахов

в подростковом отделении онкоцентра
одной из металлургических областей
только двое мальчиков
из всех сорока
лысых с зеленоватой кожей с большими глазами
еще до химиотерапии
успели заняться любовью
в этой чужой для них жизни
у одного правда ничего не получилось   но у него *было*
а у другого *было* с мужчиной   но и ему всем отделением засчитывается
им завидуют плача в подушки
те кому уже ничего не светит

скоро они все
включаю двух самых-самых
пройдут через металлоискатель на небо
как через дырку белой бесполезной таблетки

не сработает   не зазвенит

как-то так
устало
немного помигает зеленоватым светом

Death When Congested Loses its Sense of Smell

in the adolescent ward of the oncology centre
of one of the steelmaking regions
only two boys
out of all forty of them
bald greenish-skinned big-eyed
managed before chemotherapy
to make love
in this life strange to them
one of them it's true couldn't get it up　　　　　but he did it
and the other one had done it with a man　　but gets credit for
the whole ward
they envy them crying into the pillow
the ones who have nothing left to hope for

soon they all
including those special two
will pass through the metal detector into heaven
like going through the hole in a useless white pill

it won't go off　　　　　won't beep

it will just
wearily
blink its greenish light

Ообщая и специальная теория смерти

мертвому эйнштейну бреют голову
медленно падают невесомые седые волосы
знаменитая прическа лежит на полу
и как будто увеличивается в размерах в несколько раз
от этого однокамушкин
кажется крошечным и смертельно беспомощным

давно заботливая давно мертвая мама
пытается просто погладить по голове

не удается

относительно

General and Specialised Theory of Death

dead einstein gets his head shaved
the weightless white hairs fall slowly
that famous hairdo lies on the floor
and seems to grow several times bigger
this makes onestone
seem tiny and fatally helpless

his long-since caring and long-since dead mama
tries to just stroke his head

it doesn't work

relatively

Бумажная грудь

есть в каждой маленькой книжке
такие две точки
они очень стыдные
торчат обычно из последней страницы

они похожи вот на что
умирает кто-то из родственников
тебе все соболезнуют тебя все обнимают
и ты чувствуешь прикосновение сосков жены лучшего друга

A Paper Breast

There are such a couple of dots
in every little book
they're very shameful
and usually stick out from the last page

they look like this –
some of your relative dies
and everybody's sympathetic towards you they hug you
and you feel a touch of the nipples of your best friends wife

Экологические подростки

девочка дождь и мальчик снег
играют в карты на раздевание
отчаянно поддаются друг другу
сбрасывают свитера из оксида азота
дизайнерские майки из аммиака и сернистого газа
брючки из солей тяжелых металлов
нижнее белье из фотооксидантов

впервые нагие
растерянные
дышат так часто
словно получили весь чистый воздух одним файлом

Environmental Teenagers

rain-girl and snow-boy
play cards to strip
desperately surrender themselves to each other
take off nitrous oxide sweaters
designer shirts from ammonia and sulphur dioxide
pants of heavy metal salts
underwear of photo-oxidants

first naked
confused
they breathe so often
as if they got all the clean air in one file

Лужа на пешеходной зебре

зебры срываются с места
черно-белое мелькание полосок вызывает оптический эффект
пару секунд они выигрывают у хищника

Львица Для Вида Преследует Их Недолго
На Самом Деле Она Уже Получила То Что Хотела
Посмотрела В Очередной Раз
Любимое Старое Чёрно-Белое Кино

лев удивляется какого черта ты там видишь зачем каждый день туда ходишь она отвечает сжавшись ну там как будто море

A Puddle on a Zebra Crossing

zebras darted away
a flash of black and white strips creates an optical effect
zebras win a couple of seconds from a predator

a lioness seems as if she spies on them for some time
in fact she has already received what she wanted
she watched her favourite
old black and white film once again

a lion is wondering what the hell do you see there why do you go
that way every day
she responds embarrassed well it seems like there is the sea

Москва как перевернутый зонтик

живя на двадцать втором этаже
я вижу дождь сверху
это сильно отличается от того
как смотреть на дождь снизу или со стороны
струи падают неровно
переплетаются сталкиваются разбиваются
и в каждую умещается строчка каммингса
ни у кого даже у дождя нет таких маленьких рук

во время дождя как перед войной прямо под ногами
мальчиков рождается больше чем девочек

Moscow as an Upturned Umbrella

living on the twenty-second floor
I see rain from above
this differs strikingly from
looking at rain from below or from the side
its streams fall unevenly
interweaving colliding shattering
and into each a line of cummings fits
nobody, not even the rain, has such small hands

during the rain like before war right under our feet
more boys are born than girls

Маленькая драматургия маленьких

просит маму налить ей в чашку уксус
на удивленный вопрос зачем отвечает
на прошлой неделе человек на кресте пил
папа рассказывал ему нравилось
тоже хочу
все перепутала все поняла не так
да все так
все маленькие дети родившиеся и не очень
две тысячи лет складываются перед нами
в какой-то недоступный пониманию узор
как железные опилки по силовым линиям магнита

если подуть – они вырастают

A Little Drama of the Little Ones

she asks mommy to pour some vinegar into her cup
to the surprised why she responds
that last week the person on the cross was drinking it
daddy explained that he liked it
I want some too
she confused it all she understood it all not as it was
but that's how it all is
all little children both born and not quite,
for two thousand years line up before us
in some pattern beyond the reach of understanding
like iron filings along the field lines of a magnet

blow – and they grow up

Деревянные лемминги

в роддоме для деревянных игрушек
есть комната ожидания

она всегда пуста

отцы никогда туда не входят не ждут не волнуются
не пьют алкоголь не курят одну за другой

чтобы человеку всегда было больно
отцы как матрешки прячутся друг в друга

Wooden Lemmings

in the maternity home for wooden toys
there is a waiting room

it is always empty

fathers never enter it wait or worry
never drink alcohol or smoke one after another

so that man would always hurt
fathers like nesting dolls hide inside one another

Отражения, поверхности и увеличительные стекла

в декабре 2001 года аргентинцы вышли на улицы
выступая против министра экономики кавалло
когда толпа
собралась вокруг здания его министерства угрожая захватом
кавалло сбежал в маске самого себя
они продавались в лавочках
чтобы люди могли надевая их
высмеивать министра

от страха
слезы в глазах под маской
изгибались и складывались как детские пальцы
имитирующие отсутствующий фотоаппарат

в декабре такие снимки могут начать существовать

Reflections, Surfaces and Magnifying Glasses

in december 2001 the argentines took to the streets
protesting against minister of the economy cavallo
when the crowd
gathered around his ministry's building threatening seizure
cavallo escaped in his own cavallo mask
these were sold in stores
so that people could wear them
to ridicule the minister

out of fear
tears in his eyes behind the mask
bent and folded like children's fingers
imitating the missing camera

in december such snapshots can begin to exist

Скульптурный ресторан Генри Мура

головы многих его фигур
похожи на солонки

если их перевернуть –
посыплются всевозможные гимнастки в белом

упав на жидкий пол тарелки
с застывшими улыбками
они садятся на шпагат

The Sculptured Restaurant of Henry Moore

The heads of a lot of his figures
are like salt shakers.

If they flip over,
various possibilities of gymnastics in white

falling to a liquid floor, plates,
with a frozen smile,
sit on twine.

Обзорный снимок челюсти Фрэнка Синатры, воображаемого друга

синатра мог
пропеть какое-нибудь сухое и скучное слово
так чтобы бесстыдство мягкость мякоть
к примеру *unphotographable*

словно легонько пнуть языком под столом с ножками из голосовых связок
ту что воспаленно молчит
покрываясь непристойной корочкой сопрано

Mugshot of Frank Sinatra, my Imaginary Friend

Sinatra could
sing some dry and boring words
in order to make the softness of the flesh shameless –
for example *unphotographable*.

As if his tongue gently kicked under the table with the legs of
his vocal chords.
The bruise is silent,
covered with the obscene crust of soprano.

For your eyes only

в 1981-м
на корфу
снимается
очередная серия бондианы.
на роль девушки бонда
приглашена кароль буке.
в самолете она читает путеводитель.
на географической карте
корфу похож на
мягкую заднюю лапку лошади,
если бы у лошадей
вместо ног
были лапы,
на географической карте
корфу похож на
серп,
которым кронос
оскопил бы отца,
если бы
любил его хоть немного.
буке закрывает путеводитель
и смотрит в иллюминатор,
где
корфу похож на
море, одетое в дождь,
и им с небом
впервые
нигде не жмет
и
ничего не натирает.

For Your Eyes Only

in 1981
in corfu
the next james bond film
was being made.
in the role of the bond girl
was carole bouquet.
on the plane she read a guidebook.
on the geographical map
corfu is like
the soft tread of a horse
if horses,
instead of hooves
had paws.
on the geographical map
corfu is like
the sickle
with which kronos
castrated his father.
if only
he had loved him a little.
bouquet closes the guidebook
and looks out of the window
where
corfu is like
the sea, dressed in the rain,
and us in the heavens.
for the first time
nowhere presses
and
nothing grates.

Без названия и без подписи

на потолке нью-йоркского центрального вокзала
созвездие рыб и созвездие рака
изображены в зеркальном отражении.
так сквозь них на нас смотрел бы
бог.

но он не смотрит.
он художник-любитель.
продает в туристических местах
пейзажики где чистое дотла небо.

свои произведения
он не подписывает.

Without Name, Without Signature

on the ceiling of new york central station
the constellations of pisces and cancer
are shown in mirror image.
if we looked through them we would see
god.

but we don't look.
an amateur artist
sells tourist paintings – landscapes,
where clear skies fall to the ground.

he doesn't sign
his own work.

Африка как трехразовое питание

завтрак
если здесь идёт дождь
то идёт очень долго
это напоминает
прозрачное переливание крови

обед
большинство здешних (совершенно нездешних)
причудливых насекомых
словно нарисованы
во время
красиво прерванного полового акта

ужин
белому богу скучно в африке
и когда к нему приходят
он
прячется за дверь
развлекается
притворяясь ребёнком
и меняя голос
говорит
не могу открыть.
родителей нет дома

Africa as a Meal Plan

Breakfast
when it rains here
it will rain for a long time
rather like
a translucent blood transfusion

Lunch
the majority of this world's
whimsical insects (which are absolutely not of this world)
appears to have been drawn
during
a beautifully interrupted sexual act

Dinner
the white god is bored in Africa
and when people visit him
he
hides behind the door
entertains himself
pretending to be a child
and in a changed voice
he says
I can't open the door,
my parents aren't home

Северные особенности текста

снег разбивает белый молоточек
об окно,
назначенное быть
квадратной шляпкой гвоздя

знаете,
а ведь ни один плотник
не напишет
об этом так –
      уцелел из них тот, что прозрачней

Northern Features of the Text

the snow breaks a white hammer
against the window
which was appointed to be
the square head of a nail

you know
not a single carpenter
will write
about it that way – of the two,
>   *only the one that was more transparent went unscathed*

Розовое бессмертие

старший друг пятилетний павлик
учил меня топтать дождевых червей
за то что у них нет лиц

иногда казалось что всё же есть –
младенческие

таких было мало и мы их отпускали

им сильно повезло
мне кажется они до сих пор живы
эти розовые чуть-чуть люди

Pink Immortality

my older friend five-year-old Pavlik
taught me to stomp on worms in the rain
for not having faces

though sometimes it seemed that they had them –
baby faces

these were rare and they were released

they were real lucky
I think they're still living
those pink almost-people

Вивальди на мертвом ипподроме

сначала времена года не отличаются друг от друга

а потом наступает зима
чтобы согреться
влезаешь в распоротый живот мертвой лошади

между петель кишечника
наступает липкое неледенцовое лето

Vivaldi at the Dead Racecourse

at the beginning the times of year seem no different

and then comes winter
to warm up
you get into the ripped-open belly of a dead horse

between the loops of the intestines
a sticky non-lollipop summer sets in

Спичка с фабрики девушек
Плохая копия фильма Каурисмяки

ей хочется загореться насовсем так чтобы волосы перестали быть противно белыми нисколько не финскими чтобы как пишут в русских книжках «ресницы падали и тонко нагревались влажными ложками во вкусных кипяченых глазах» чтобы искусственное дыхание рот в рот ей бесполезно сделал красивый врач всё кончится не так в теле спички вывихнет отравленные волокна сырой деревянный дождь

A Match from the Girl Factory

A poor imitation of a film by Kaurismäki

she wants to burn up for good so that her hair would stop being gross white not at all finnish so that as the russian write in their books the eyelashes fell and were subtly warmed by moist spoons in tasty boiled eyes so that artificial breathing would be performed on her in vain by a good-looking doctor everything will end differently in the body of the match the poisoned fibers will be dislocated by the damp wooden rain

Будущие свадьбы, вы – такие

тонкое серебряное колечко
похоже на серый карандашный кружок
вокруг объявления в газете знакомств
где кто-то у кого-то
гадливо ищет пальцами
всегда белые мышцы невесты

Future Weddings, this is You

narrow silver ring
resembles a pencil-grey circle
around an ad in the personals
where someone's fingers are
always squeamishly searching
in another the white muscles of a bride

Нелегальная смерть в театре лилипутов

старый рабочий сцены
единственный в труппе нормального роста
умирает среди декораций после спектакля

белоснежка и семь гномов
плачут так
как будто боятся спросить
*«в нашем маленьком аду этому большому человеку будет
так же долго больно?»*

An Illegal Death in the Lilliputian Theatre

the old stagehand
the only one in the troupe of regular height
dies amongst the scenery after the curtain falls

snow white and the seven dwarves
cry as if
they're afraid to ask the question
in our little hell will this big man feel as much pain
for as long?

Материнство не видя снов

птичья женщина
та что живет
в домике настенных часов
сломалась безостановочно хрипит
хочу деток хочу птенцов я их никому не отдам я хорошая
я ненастоящая кукушка

Motherhood *Sans* Dreams

the bird-woman
the one that lives
in the house of hanging clocks
broke, wheezes without end
I want children, I want chicks, I won't give them up, I'm good, I'm
an unreal coo-coo

Loser

мне было лет шесть
и в нашем дворе жил особенный человек
когда мы с мальчишками играли
а он вдруг медленно появлялся
и так же медленно проходил сквозь нас
мы останавливались и переставали пинать мяч
было в нем что-то особенное
это была какая-то концентрированная серость
не чернота нет
серость
он не был алкоголиком сумасшедшим злым волшебником
добрым волшебником тем более

как-то набравшись смелости я спросил маму кто он
она отмахнулась и сказала
неудачник
я раньше никогда не слышал такое слово
и не понял что мама имела в виду
но мне стало страшно
в детстве вообще часто страшно от новых слов
когда они необъяснимо связаны с необъяснимыми взрослыми

еще помню что фамилия у него была греческая
но конечно не помню какая

нужно ли мне заново придумать эту фамилию
чтобы вам стало так же страшно как мне в шесть лет?

Loser

I was six years old
and there was a special person who lived in our building
when I was in the courtyard with the boys
and he would slowly emerge
and slowly pass in the midst or us playing
we would stop in our tracks and stop kicking the ball
there was something special about him
not darkness, no
some type of condensed grey
greyness
he was not an alcoholic not a crazy mean wizard
not a kind wizard either, by any means

One time I asked mom bravely who was this guy
she brushed me off and said:
a loser
I'd never heard the word before
and I did not get it but got scared
when you are a kid,
new words can scare you
when they are tied to mysterious adults in mysterious ways

I also remember that he had a greek name
but of course, I don't remember it

should I create such a name from scratch
so that you get as scared, as I was at six?

Спасибо на нескольких языках

горе нельзя залить алкоголем

горе умеет в нем плавать

в этиловой калифорнии желудка
в метиловом черном море мозга

иногда выходит на берег
загорает
фотографируется
лежит в шезлонге
листает первую попавшуюся книгу
и режется до крови о край страницы

перед теми кто пишет
такие книги
не хочется встать на колени

хочется просто родиться без ног

Thank You in Several Languages

grief can't be drowned in alcohol

grief knows, how to swim in it

in the ethyl california of your stomach
in the methyl black sea of the brain

it gets out onto the beach at times
basks in the sun
makes selfies
lies in a chaise lounge
leafes through the first random book
and gets paper cuts

one has no desire to kneel
in front of people
who write such books

one wishes to be born legless

Acknowledgements

Translations are by Ainsley Morse, apart from the following: 'A Puddle on a Zebra Crossing', 'A Paper Breast', 'Environmental Teenagers', 'Moscow as an Upturned Umbrella' (Nene Giorgadze), 'A Little Drama of the Little Ones' (Dasha Koltunyuk), 'Wooden Lemmings' (Filip Milovanovic), 'Reflections, Surfaces and Magnifying Glasses' (Joyce Lim), 'Without Name, Without Signature', 'The Sculptured Restaurant of Henry Moore', 'Mugshot of Frank Sinatra, my Imaginary Friend', 'For Your Eyes Only' (Julie Egdell), 'Africa as a Meal Plan' (Dina Gusejnova and Rebecca Steltner), 'Thank You in Several Languages', 'Loser' (Anna Halberstadt), 'Northern Features of the Text', 'Pink Immortality', 'Vivaldi at the Dead Racecourse', 'A Match from the Girl Factory', Future Weddings, this is You', 'An Illegal Death in the Lilliputian Theatre' and 'Motherhood Sans Dreams' (Matvei Yankelevich).